BEI GRIN MACHT SICH IHR WISSEN BEZAHLT

- Wir veröffentlichen Ihre Hausarbeit,
  Bachelor- und Masterarbeit

- Ihr eigenes eBook und Buch -
  weltweit in allen wichtigen Shops

- Verdienen Sie an jedem Verkauf

Jetzt bei www.GRIN.com hochladen und kostenlos publizieren

GRIN

Betriebliche Wertschöpfung. Aufgaben zur Radio Frequency Identification, dem Umweltmanagement, der Industrie 4.0 und dem Begriff Absatz

Susanne Ege

Bibliografische Information der Deutschen Nationalbibliothek:

Die Deutsche Nationalbibliothek verzeichnet diese Publikation in der Deutschen Nationalbibliografie; detaillierte bibliografische Daten sind im Internet über http://dnb.d-nb.de abrufbar.

ISBN: 9783346374202
Dieses Buch ist auch als E-Book erhältlich.

© GRIN Publishing GmbH
Nymphenburger Straße 86
80636 München

Alle Rechte vorbehalten

Druck und Bindung: Books on Demand GmbH, Norderstedt Germany
Gedruckt auf säurefreiem Papier aus verantwortungsvollen Quellen

Das vorliegende Werk wurde sorgfältig erarbeitet. Dennoch übernehmen Autoren und Verlag für die Richtigkeit von Angaben, Hinweisen, Links und Ratschlägen sowie eventuelle Druckfehler keine Haftung.

Das Buch bei GRIN: https://www.grin.com/document/1002381

Betriebliche Wertschöpfung

Aufgabe 1: RFID-Technologie

Aufgabe 2: Umweltmanagement

Aufgabe 3: Industrie 4.0

Aufgabe 4: Absatz

Inhaltsverzeichnis

Abkürzungsverzeichnis 3

Textteil zu Aufgabe 1 4

Textteil zu Aufgabe 2 7

Textteil zu Aufgabe 3 11

Textteil zu Aufgabe 4 17

Literaturverzeichnis 20

Abkürzungsverzeichnis

3D-Drucker	dreidimensionaler Drucker
AG	Aktiengesellschaft
BMW	Bayerische Motoren Werke
bzw.	beziehungsweise
CO_2	Kohlenstoffdioxid
E-Mobilität	Elektro-Mobilität
EMAS	Eco-Management Audit Scheme
Engl.	Englisch
etc.	et cetera
IoT	Internet of Things
IT	Informationstechnik
KI	Künstliche Intelligenz
LED	Light Emitting Diode
RFID	Radio Frequency Identification
u.a.	unter anderem
UAG	Umweltauditgesetz
VOC	Volatile Organic Compounds
v.a.	vor allem
z.B.	zum Beispiel

Aufgabe 1

Wir alle kennen das: Wir sind in einem Bekleidungsgeschäft und möchten uns eine neue Jeans kaufen. Wenn wir zur Kasse gehen und bezahlen möchten, wird der Artikel per Scanner in die Kasse eingelesen, welche Informationen zu dem Produkt erhält, wie beispielsweise den Preis oder die Artikelnummer. So funktionieren Barcodes und erleichtern den Kaufprozess, da dieser Ablauf schnell erfolgt. In ähnlicher Weise funktioniert auch das sogenannte RFID-System, das heute mittlerweile schon als Massenanwendung gesehen werden kann, und das nicht nur bei Skipässen, sondern auch allgemein gesagt im Wertschöpfungsprozess. Durch die Globalisierung und der Arbeitsteilung wird schon lange nicht mehr die eben erwähnte Jeans in einer einzelnen Fabrik hergestellt. Vielmehr gibt es verschiedene Arbeitsbereiche, die sich überall auf der Welt befinden, etwa vom Baumwollanbau bis zum Vertrieb in den Stores. „Die umfassende Verfügbarkeit von Logistikdaten ist für den reibungslosen Ablauf von Produktions- und Distributionsprozessen von entscheidender Bedeutung. Die RFID-Technologie kann die Datenverfügbarkeit und -genauigkeit erhöhen und dadurch die Wirtschaftlichkeit des gesamten Wertschöpfungsnetzes verbessern."[1]

Wie das System genau funktioniert, wird im Folgenden untersucht.

Die RFID-Technologie (kurz für Radio Frequency Identification) kann Informationen durch ein Sender-Empfänger-System automatisch und kontaktlos ermitteln und bedeutet so viel wie Funkerkennung. Die Daten „müssen dabei weder gelesen, noch berührt werden, da die Übermittlung ausschließlich via Funkerkennung erfolgt."[2] Mit den Radiowellen kann sie z.B. Lebewesen oder Gegenstände lokalisieren und trägt somit zur Vereinfachung in der Logistik, Materialwirtschaft sowie in der Produktion bei, da nicht mehr unbedingt Barcodes verwendet werden müssen. Generell besteht ein RFID-System aus einem Transponder, der eine Antenne, einen Mikrochip und einen individuellen Code besitzt. Um den Code auszulesen, braucht es immer ein Lesegerät, das wiederum das Lebewesen/den Gegenstand identifizieren und lokalisieren kann. Dieses erzeugt ein elektromagnetisches Feld, welches die Antenne des Transponders erhält und der

---

[1] *Bundesministerium für Wirtschaft und Technologie* (2008), S. 8
[2] *rfid-grundlagen* (o.J.)

Transponder sendet dann automatisch die Daten weiter, wie etwa eine Artikelnummer. Dieser kontaktlose Vorgang erfolgt über Funkwellen, die vom Lesegerät erzeugt werden. Die Wellen spenden dem Chip Energie und folglich können Daten übermittelt werden. Nur solange der Transponder in diesem Magnetfeld ist, erfolgt ein Datenaustausch. Transponder sind oft sehr klein, wie etwa die Größe eines Reiskorns oder in den meisten Fällen wie eine Briefmarke. Dies erleichtert den Transport, den Verkauf, aber v.a. die Rückverfolgung in der Logistik sowie in der Materialwirtschaft.[3]

Allgemein kann man zwischen passiven und aktiven Transpondern unterscheiden. Die passiven Transponder verfügen über keine eigene Energiequelle und erhalten diese aus dem Energiefeld des Lesegeräts. Somit haben sie nur eine geringe Reichweite, wogegen die aktiven Transponder sich selbst mit Energie versorgen können und gleichzeitig eine größere Reichweite haben, jedoch ist ihre Lebensdauer aufgrund der enthaltenen Batterien bzw. Akkus nur gering.[4]

Die RFID-Technologie, die mit der Zeit immer mehr gewachsen ist und zugleich in vielen Bereichen auch immer wichtiger wird, bringt einige Vorteile mit sich und ist in viel einsetzbar, wie beispielsweise in der Handelsbranche, aber auch z.B. in der Automobilbranche. Zu den eben beiden genannten Branchen wird je ein Unternehmen hinsichtlich der Vorteile des RFID-Systems genauer dargestellt wird.

Gerry Weber International AG:

Das Mode- und Lifestyle-Unternehmen Gerry Weber International AG nutzt die RFID-Technologie bereits seit 2009. Lieferungen können schnell und einfach verfolgt werden und Inventuren, für die man Tage braucht, können in zehn Minuten erfasst und nahezu fehlerfrei durchgeführt werden. Zudem verbessert die Technologie die Bestandsführung, die eine bis zu 100%ige Warenverfügbarkeit garantiert. Auch das manuelle Scannen entfällt, das sonst viel Zeit in Anspruch nimmt, v.a. bei der Inventur.[56]

Jeder einzelne Artikel hat ein eigenes RFID-Etikett, das am Pflegeetikett angebracht ist. Nützlich ist das nicht nur für Zulieferer, die stets die Produkte identifizieren und lokalisieren können, sowie für die Lagerbestandserfassung, sondern auch für die

---

[3] Vgl. *Smart-tec* (o.J.)
[4] Vgl. *datenbanken-verstehen* (o.J.)
[5] Vgl. *group gerryweber media* (o.J.)
[6] Vgl. *Bundesministerium für Wirtschaft und Technologie* (2008), S. 12

Warensicherung.[7] Ware zu sichern kostet Zeit und Energie, doch mit dem RFID-System fällt das für die Mitarbeiter weg. Ebenfalls von Vorteil ist die Tatsache, dass der Chip erst nach Bezahlung der Ware im Store deaktiviert wird und somit Diebstähle und Verluste reduziert werden können.

Außerdem wird durch das technologische System sichergestellt, dass z.B. gängige oder gefragte Artikel stets im Lager vorhanden sind. Ein „out of stock" kommt dann so gut wie nicht mehr vor, was schlussendlich die Kundenzufriedenheit steigert.

Die Zeiteinsparungen sorgen für die Entlastung der Mitarbeiter von Routinetätigkeiten, wie beispielsweise der Warensicherung, und von administrativen Aufgaben. Damit haben die Angestellten mehr Zeit für Kundenberatungen, was erneut zu einer höheren Zufriedenheit der Kunden führt.[8]

Im Sommer 2017 relaunchte Gerry Weber AG sein RFID-System, was kein Neustart war, sondern vielmehr eine neue Basis für die nächste innovative Etappe.[9]

Daimler AG:

Das Automobilunternehmen Daimler AG gehört zu den größten Fahrzeuganbietern weltweit und laut Frank Klein, dem Leiter Operations des Tochterunternehmens Mercedes-Benz Vans, will die Firma mit der RFID-Technologie für den gesamten Produktionsprozess Potenziale schaffen. Vor den technologischen Erneuerungen mussten Mitarbeiter Barcodes manuell einscannen, doch das hat sich geändert. Schon die Zulieferer verwenden die RFID-Etiketten an den einzelnen Teilen. Dabei wird an jedes Bauteil ein Etikett angebracht und bei der Anlieferung kann man diese immer identifizieren sowie lokalisieren. Das ist besonders von Vorteil, wenn beispielsweise Verzögerungen entstehen. Man kann reagieren, umdisponieren und somit stets von Kenntnis sein, wo sich was befindet. Es ist auch von Vorteil, weil man jederzeit einen Überblick über den Lagerbestand hat. Zudem wissen Mitarbeiter in der Qualitätssicherung, ob das richtige Fahrzeugteil am Pkw montiert ist und die Service-Mitarbeiter im After Sales mittels Datenbanken, wo welche Teile eingebaut wurden.

Ein weiterer Vorteil ist, dass durch die RFID-Technologie die Vielfalt der Automobilmodelle zunehmen wird, der Produktionsprozess flexibler und effizienter

---

[7] Vgl. *group gerryweber konzern* (o.J.)
[8] Vgl. *group gerryweber media* (o.J.)
[9] Vgl. *PR RFID & Wireless IoT Global* (2016)

ablaufen wird und dass die Mitarbeiter und schlussendlich auch die Kunden davon profitieren können.[10] Aktuell haben Mercedes-Benz Vans 68 verschiedene Außenspiegelvariationen, die aber nur ein kleiner Teil aller Bauteile sind. Man kann also sagen, dass immer mehr individuelle Fahrzeuge auf den Markt kommen und dass somit auch die Anzahl der verschiedenen Einzelteile steigt.[11]

Für die Mitarbeiter ist es auch hier eine Entlastung und gleichzeitig eine Möglichkeit, sich mehr auf Kundenberatungen einzugehen. Wegen den genannten Vorteilen will Mercedes-Benz Vans bis zum Jahr 2025 über 200 Millionen Euro in die RFID- Technologie investieren, um so die Kundenzufriedenheit, den Umsatz und die Produktivität zu steigern.[12]

Aufgabe 2

Die Bayerische Motoren Werke Aktiengesellschaft, kurz BMW Group, ist der größte Premium-Hersteller von Automobilen sowie Motorrädern mit ihren Marken BMW, MINI und Rolls-Royce weltweit. 2019 hatte das Unternehmen einen im Vergleich zum vorherigem Jahr +7,59% höheren Umsatz von 104.210 Mio. €.[1314] Doch heutzutage ist nicht nur der Gewinn eines Unternehmens für den Erfolg ausschlaggebend, sondern auch das sogenannte Umweltmanagement. Wie der Name es schon gut beschreibt, geht es beim Umweltmanagement um den Umweltschutz, v.a. um den Energieverbrauch, Emissionen, Abfall, Abwasser, die Lebensdauer von Produkten und um das Recycling. Die BMW Group stellt sich den globalen Herausforderungen, die durch den Klimawandel immer wichtiger zum Bewältigen werden.[15] Allein seit 2006 konnte das Unternehmen über 161 Millionen Euro durch die Reduzierung des Ressourcenverbrauchs kontinuierlich einsparen.[16] Dabei hat die BMW Group verschiedene Ziele, die sie beim nachhaltigen Wirtschaften erreichen will.

Nachhaltiges Wirtschaften: die Ziele

---

[10] Vgl. *Daimler* (o.J.)
[11] Vgl. *PR RFID* (2017)
[12] Vgl. *Cio* (2017)
[13] Vgl. *BMW Group Unternehmen Geschaeftsbereiche* (o.J.)
[14] Vgl. *BMW Group Investor-Relations* (o.J.)
[15] Vgl. *Saving-Volt* (2013)
[16] Vgl. *BMW Group* (o.J.)

Der BMW i3 war hinsichtlich der emisionsfreien Mobilität, die ein Ziel der BMW Group ist, 2013 eine Neuheit. Heute ist die BMW Group Marktführer bei Elektroautos, da sie alle Marken und Bauarten elektrifizieren. Dabei hat sie die Unternehmensstrategie NUMBER ONE > NEXT, die sie durch eine langfristige Entwicklung erreicht. In der Strategie geht es darum, den Fokus auf Kundenorientierung, E-Mobilität, autonomes Fahren und Digitalisierung zu setzen. Diese individuelle Mobilität lässt sich durch verschiedene Ziele generieren, die in drei Handlungsfelder untergliedert werden können: Produkte und Dienstleistungen, Produktion und Wertschöpfung sowie Mitarbeiter und Gesellschaft. Da die BMW Group international tätig ist, hat sie an den verschiedensten Standorten ihre Mitarbeiter, wie z.B. auch in Rossyln, Südafrika. Dort ist das Umweltbewusstsein noch nicht so vorhanden, da technische Mittel fehlen. Darum schult das Unternehmen ihre Mitarbeiter sowie Lieferanten, um ein Bewusstsein vor Ort zu schaffen.[17] Generell will die BMW Group CO_2-Emissionen um 50% reduzieren, Elektromobilität weiterentwickeln, den Ressourcenverbrauch um 45% senken, erneuerbare Energien verwenden, nachhaltig und ressourceneffizient arbeiten, Strom nur aus erneuerbaren Quellen verwenden, Eigenverantwortung der Mitarbeiter sowie das Arbeitsumfeld gestalten und schließlich die Mitarbeiterentwicklung fördern.[18]

Eco-Management and Audit Scheme und Umweltauditgesetz

Das Eco-Management and Audit Scheme, kurz EMAS, ist ein Gemeinschaftssystem für Umweltmanagement und Umweltbetriebsprüfung mit dem Ziel die Energie- und Materialeffizienz systematisch in Unternehmen bzw. Organisationen zu verbessern. Konkret heißt das, Emissionen, Abwässer oder Abfälle am Standort zu reduzieren. Das System hilft, Ressourcen intelligent einzusparen und trägt somit einen wertvollen Beitrag zum Umweltschutz bei. Dabei entspricht EMAS der Umweltmanagementnorm ISO 14001. Die BMW Group bezieht das System sowie die Norm in ihr produktionsbezogenes Material sowie in den allgemeinen Vertragsbedingungen mit ein. Dadurch arbeiten sie nicht nur umweltfreundlicher, sondern sparen gleichzeitig Kosten und zeigen gesellschaftliche Verantwortung. Mit EMAS sollen sich die umweltgesetzlichen Anforderungen verbessern und sich mehr Transparenz sowie Rechtssicherheit nach innen und außen entwickeln. Um das System in Deutschland wirksam durchzuführen, „wurde 1995 das Umweltauditgesetz (UAG) erlassen und 2011 an EMAS III angepasst."[19] Das

---

[17] Vgl. *BMW Group* (o.J.)
[18] Vgl. *BMW Sustainable Value Report* (2018), S. 4, 5, 10, 11, 83
[19] *EMAS Rechtliches*

UAG stellt sicher, dass eine wirksame Durchführung der EMAS gewährleistet ist, indem sie Umweltgutachter und Umweltgutachterorganisationen zulässt und über diese beaufsichtigt.[20][21][22]

Umweltauswirkungen des Produktionsprozesses

Nicht nur der Klimawandel und der Ressourcenabbau haben verschiedene Umweltauswirkungen, sondern auch der steigende Konsum der Gesellschaft. Die BMW Group beschäftigt sich schon länger mit der Frage, wie man umweltfreundlicher wirtschaften kann. Sie steigern ihre Energie- und Ressourceneffizienz und senken die CO_2-Emissionen aus der Produktion. Dabei hat die BMW Group fünf Umweltkompetenzzentren: Immissionen, Wasser, Abfall, Qualifizierung und Umweltmanagementsystem. Insgesamt um die 52% weniger Energie, Wasser, Abfall, Lösungsmittel- und CO_2-Emissionen konnte sie seit 2006 verringern. Seit 2017 existiert beispielsweise in München eine High-Tech-Lackiererei, die imstande ist, direkt ohne Zwischentrocknung zwei Lackschichten hintereinander aufzutragen. Das spart wieder viele Ressourcen.[23] Im Folgenden werden drei der eben genannten Verringerungen in den letzten Jahren genauer untersucht.

- **Emissionen und Energie**

Generell entstehen Emissionen durch die Verbrennung fossiler Kraftstoffe ebenso wie durch die Strom- und Wärmenutzung. Der höchste Anteil der Emissionen, mit 90%, sorgen CO_2-Emissionen, die die BMW Group durch eine Vision künftig nicht mehr verbrauchen will. All ihre Standorte sollen eine CO_2-freie Energieversorgung haben. Jedoch reicht das noch nicht allein aus, da über 70% dieser Emissionen durch die Nutzung der Endprodukte entstehen. Um dem entgegenzuwirken arbeitet die BMW Group mit Efficient Dynamics Technologien und durch ihre Elektrifizierungsstrategie reduzieren sie deutlich den CO_2-Ausstoß. „Die BMW BluePerformance Maßnahmen zum Beispiel verringern den Ausstoß von Stickoxiden bei Dieselmotoren."[24] Dafür gibt es Stickoxid(NOx)-Speicherkatalysatoren, die den Ausstoß reduzieren und durch Selective

---

[20] Vgl. *EMAS was ist EMAS* (o.J.)
[21] Vgl. *Umweltbundesamt* (2020)
[22] Vgl. *Sadaba* (o.J.)
[23] Vgl. *BMW Group* (o.J.)
[24] *BMW Topics*

Catalytic Reduction (SCR) werden Stickoxide in Wasserdampf und in ungefährlichen Stickstoff umgewandelt.

Sogar mittels neuer Lackiertechnologien reduziert die BMW-Group VOC-Emissionen (flüchtige organische Lösungsmittel), die sonst eigentlich v.a. im Lackierprozess freigesetzt werden. Um auch auf langen Strecken große Emissionen zu verringern, „wurde der gesamte Bahnvorlauf abgehend von einem BMW Group eigenen Anschlussgleis bis zu den Exporthäfen in Deutschland auf Grünstrom umgestellt."[25]

Im Hinblick auf Energie stellt der Automobilhersteller auf eine LED-Beleuchtung um, da diese erneut große Einsparungen bringen. Ebenfalls schaffte es das Unternehmen den Energieverbrauch pro produziertes Fahrzeug um 2,3% zum Vorjahr 2018 zu senken. Gerade die LED-Rollouts, die Verbesserungen z.B. in den Lüftungsanlagen und die Wärmerückgewinnung bei der Produktion tragen einen wichtigen Beitrag zur Energieumstellung bei.[26]

- **Abwasser**

Hinsichtlich des Abwassers setzt die BMW Group auf neue Technik, wie etwa der wasserlose Prozess in den Gießereien. Auch Prozesswasser, anstatt Frischwasser zu verwenden, spart Unmengen an Wasser. Tatsächlich ist der Wasserverbrauch dennoch von 2017 auf 2018 angestiegen. Das lässt sich durch die hohen Temperaturen im Sommer an den jeweiligen Standorten erklären. Je wärmer es ist, desto mehr Wasser verdunstet, desto mehr Wasser wird für den Produktionsprozess benötigt. Um noch mehr umweltfreundlicher zu arbeiten, gibt es für das Unternehmen spezifische Abwassernormen, da ins Abwasser nur so viele Stoffe gelangen sollen, wie die natürlichen Abbaukräfte es bewältigen können. [27]

- **Abfall**

Recycling- und Aufbereitungsprozesse sind aufgrund der immer höher werdenden Abfallmengen unabwägbar. Die BMW Group sorgt dafür, dass Abfälle ordnungsgemäß entsorgt werden. Sie versucht bei der Produktplanung einen möglichst geringen Einsatz von Ressourcen und möchte so viele wie mögliche Materialkreisläufe schließen. Deshalb

---

[25] *BMW Sustainable Value Report* (2018), S. 62
[26] Vgl. *BMW Sustainable Value Report* (2018), S. 58-59, 62, 65
[27] Vgl. *BMW Sustainable Value Report* (2018), S. 58-59, 70-71

verwendet sie Reststoffe wie Stahl erneut, um die 760.000 Tonnen Abfall, die sie jedes Jahr produziert, recyclen zu können, und das sogar zu 99%.[28]

Persönliche Einschätzung

Aus meiner Sicht bewegt sich das Unternehmen in eine vielversprechende Zukunft. Da Menschen immer mehr konsumieren und haben wollen, müssen Unternehmen dementsprechend reagieren. Es ist also nicht verwunderlich, dass sich durch Unmengen an Emissionen, etc., das Klima enorm verändert. Wenn man nichts in seiner Arbeit ändern würde, wie es die BMW Group bereits macht, wer weiß wo wir dann hinkämen. Es ist mehr als wichtig, an die Umwelt für die Zukunft zu denken und sie zu schützen. Ich finde es sehr vorbildlich, dass der Automobilhersteller nicht nur an sich denkt, sondern an alle. Gerade auch der BMW i3, der schon erwähnt wurde, ist ein Zukunftsauto, weil es kein Kraftstoff verbraucht und keine schädlichen CO_2-Emissionen ausstößt. [29] Meiner Meinung nach ist es eine echt Herausforderung, der Nachfrage der Konsumenten bei der sich ändernden Umwelt gerecht zu werden. Kann man gleichzeitig bei immer knapper werdenden Ressourcen und bei steigendem Konsum umweltfreundlich und -schonend produzieren? Vielleicht wäre es an der Zeit, dass sich jeder einzelne von uns überlegt, was wichtiger ist: Konsum oder Umwelt.

Aufgabe 3

„Wenn Bauteile eigenständig mit der Produktionsanlage kommunizieren und bei Bedarf selbst eine Reparatur veranlassen oder Material nachbestellen – wenn sich Menschen, Maschinen und industrielle Prozesse intelligent vernetzen, dann sprechen wir von Industrie 4.0."[30] Industrie 4.0, auch vierte industrielle Revolution genannt, ist ein Begriff, der in den letzten Jahren so oft aufgetreten ist, wie fast kein anderer. Sie ist ein Zukunftsprojekt der Bundesregierung mit dem Ziel, eine sogenannte „intelligente Fabrik" durch datengesteuerte, KI-gestützte Mittel zu verwirklichen. Der Begriff fiel dabei erstmals auf der Hannover Messe 2011 und wurde seitdem zu einer neuen Hightech-

---

[28] Vgl. *BMW Group* (o.J.)
[29] Vgl. *BMW Neufahrzeuge* (o.J.)
[30] *BMWI* (o.J.)

Strategie. Im Folgenden wird die Industrie 4.0 detaillierter untersucht und zuvor kurz die vier Stufen der industriellen Revolution aufgezeigt.

Die erste industrielle Revolution fand in der Zeitspanne von 1760 bis 1840 statt. Als einer der ersten Maschinen gilt der Webstuhl, der durch menschliche Kraft betrieben worden ist. Mit der Zeit wurden mechanische Produktionsanlagen errichtet und die menschliche Kraft durch Wasser- und Dampfkraft ersetzt. Daraus folgten die Eisenbahnen, die Dampfschifffahrt, die Tuchherstellung und die Dampfmaschine. Die Einführung der Elektrizität war der Beginn der zweiten industriellen Revolution und mit den ersten Automobilen, die bereits 1913 mit dem Fließband schneller produziert werden konnten, wurde die Arbeit nach und nach automatisiert. Und das nicht nur in der Automobilbranche, sondern auch bei Kleidung, Rohstoffen und Lebensmittel. Das hatte zum Vorteil, dass sich jeder Angestellte in einer Firma nur noch auf eine Aufgabe konzentrieren musste. Dadurch wurden große Menge z.B. an Autos in Rekordzeit hergestellt und durch die Erfindung der Schreibmaschine war der erste Grundstein für das Computerzeitalter gelegt. Dieses Computerzeitalter etablierte sich in den 1970er Jahren mit der dritten industriellen Revolution. Der Personal-Computer für das Büro und für den Haushalt eröffnete einen kompletten neue Industriezweig, der durch den ersten Computer 1941 entstanden ist. Die Automatisierung der Elektronik und der IT stand nun im Fokus und in den 1990er Jahren wurde erstmals das uns heute bekannte Internet für die Öffentlichkeit freigegeben. Die Technik hat sich mit den Jahren immer weiterentwickelt und durch eine bewusste Strategie der Digitalisierung und weiteren Automatisierung befinden wir uns jetzt in der vierten industriellen Revolution. Hightech-Trends, wie selbstfahrende Kraftfahrzeuge, 3D-Drucker oder KI sind präsenter denn je. Unter dieser Industrie 4.0 versteht man nicht nur die neuen Technologien, sondern auch die geänderte Produktions- und Arbeitswelt. [31][32]

Bevor auf die Potenziale und Gefahren der Industrie 4.0 eingegangen wird, werden im Folgenden erst mal **wichtige Begriffe** geklärt.

- **Industrie 4.0**

Die Industrie 4.0 hat vier verschiedene Prinzipien: Sie strebt die permanente Vernetzung von Menschen, Maschinen und Gegenständen an, egal ob in physischen oder in virtuellen Bereichen. Durch bestimmte Werkzeuge können Daten die Produktionseffizienz steigern

---

[31] Vgl. *Waschbusch/Mundt* (2019)
[32] Vgl. *Frick* (2014)

und somit auch die Produktqualität verbessern, da durch KI kaum noch Fehler auftreten. Das beschleunigt den eigentlichen Produktionsprozess und verhilft Unternehmen effektiver arbeiten zu können. Konkret heißt das, dass ein Produkt der Produktion alle wichtigen Informationen weitergibt und durch diese übermittelten Daten erfolgt die Steuerung der Produktion. Bei diesem Vorgang können die Grenzen zwischen realer und virtueller Well verschwimmen, es besteht somit eine Informationstransparenz. Das verhilft den Menschen im täglichen Arbeitsleben zur Erleichterung. Sogenannte Assistenzsysteme helfen, Entscheidungen zu treffen und auftretende Schwierigkeiten so schnell wie möglich zu beheben. Ein weiteres Ziel ist es, die Produkte zu hybridisieren bzw. zu individualisieren, damit eine höhere Effizienz daraus geschaffen werden kann. Maschinen, Lagersystem und Betriebsmittel als Cyber-physisches System (CPS), auf das noch eingegangen wird, werden künftig von Unternehmen weltweit vernetzt und durch die sogenannte Smart Factory ein neues Potenzial ausgeschöpft.[33]

- **Internet der Dinge**

Der Begriff des Internet der Dinge (engl. Internet of Things, kurz IoT) bezeichnet die intelligente Kommunikation zwischen Gegenständen, die immer mehr durch das Internet zunimmt. Anwendungen lassen sich automatisieren und Aufgaben sich erledigen. Durch eine eigene Identität sind diese in Lage, Informationen untereinander auszutauschen, indem sie eindeutige Adressen vorweisen. Ein weiterer Vorteil von IoT ist es, dass es sogar möglich ist, Geräte von einem beliebigen Ort aus zu steuern. Bei unerwarteten Situationen kann das Internet der Dinge eingreifen, sich Situationen anpassen und auf bestimmte Szenarien reagieren. Ein Beispiel wäre „z.B. ein Kühlschrank, der seinen Besitzer sofort informiert, sobald bestimmte Lebensmittel fehlen."[34] Das Ziel ist die Grenzen zwischen realer und virtueller Welt langsam vollständig aufzulösen. Jeder Gegenstand soll dann zu jeder Zeit seine Informationen im Internet zur Verfügung stellen.[35] IoT gehört folglich zu einem cyber-physischen System, das im Folgenden genauer beschrieben wird.

- **Cyber-physisches System**

Das cyber-physische System soll künftig in Unternehmen als Vermittler zwischen realen und virtuellen Komponenten sich etablieren. Diese Systeme kombinieren Hardware und

---

[33] Vgl. *Bundesministerium für Bildung und Forschung* (2013), S. 5
[34] *Gruenderszene* (o.J.)
[35] Vgl. *Luber/Litzel* (2016)

Intelligenz der smarten Fabrik und funktionieren mit Sensor-, Prozessor- und Funktechnik. Sie machen die Steuerung und die Kontrolle von komplexen Systemen möglich, wobei der Informationsaustausch jederzeit drahtlos oder kabelgebunden stattfinden kann. [36][37]

Um nun zu verdeutlichen, was die Industrie 4.0 für Möglichkeiten schafft, werden die wichtigsten **Potenziale** kurz erläutert.

- **Vernetzung**

Eine Technologie, die bereits in Aufgabe 1 erwähnt wurde, die RFID-Technologie gehört auch zur Industrie 4.0. Da die Kommunikation von Gegenständen und Fertigungsanlagen drahtlos oder über das IoT läuft und Maschinen große Mengen von Daten in Echtzeit weitergeben können, ist die Technologie ein Vorteil für Unternehmen. „Prozessoren werden immer schneller und leistungsfähiger, neue Software nimmt uns Schritt für Schritt lästigen Papierkram ab, mobile Endgeräte ermöglichen uns weltweit auf Daten zuzugreifen und immer größere Datenmengen können in immer höherer Geschwindigkeit übertragen und gespeichert werden."[38] Bereits 2018 verwendeten mehr als 33% aller Unternehmen Innovationstechnologien, wie etwa Cloud-Computing oder das Internet der Dinge, da diese einen Mehrwert schaffen.[39]

- **Transparenz und Kommunikation**

Da mittels RFID-Technologie beispielsweise Echtzeitbenachrichtigungen versendet werden können, ist eine hohe Transparenz im Lieferungsprozess möglich. Berichte können automatisch verschickt und die Produktionsabläufe stets verfolgt werden.

- **Vereinfachung von Prozessen durch Automatisierung**

Durch die Echtzeitübertragung von Daten können Prozesse generell vereinfacht werden, indem Bestellungen leichter erfolgen oder auch indem Berichte über ein Dokumentenmanagementsystem jederzeit abrufbar sind. Bei Störungen kann zeitnah eingegriffen werden und dementsprechend reagiert werden.

Durch ständige händische Prozesse kann die Arbeit ermüdend werden, die Angestellten sind demotiviert und Fehler können sich zudem einschleichen. Durch eine

---

[36] Vgl. *Luber/Litzel* (2017)
[37] Vgl. *Abas-erp* (2017)
[38] *Bastam/Bicker/Walf/Nachtwei* (o.J.), S. 237
[39] Vgl. *Bastam/Bicker/Walf/Nachtwei* (o.J.), S. 237

Automatisierung kann das umgangen werden und folglich können sich die Mitarbeiter anderen Aufgaben widmen, wie etwa die Produktion zu verbessern. Und nicht nur das, sondern auch die Steigerung der Arbeitsproduktivität und -effizienz sowie die Zufriedenheit der Mitarbeiter kann sich verbessern.

- **Effizienz**

Durch die eben erwähnte Effizienz können Termine besser wahrgenommen werden und durch technische Mittel können Produkte schneller und effektiver hergestellt werden. Dies fördert auch die Kundenzufriedenheit und gleichzeitig kann man durch intelligente Systeme Ressourcen sparen, da ständige Optimierungsprozesse automatisch ablaufen.

- **Geschäftsmodelle**

Durch Partnering mit Startup Unternehmen können neue Produkte entwickelt werden, da sich die Kundenbedingungen ändern. Dabei kann nicht nur schneller gearbeitet werden, sondern auch profitabler. Ein weiteres Angebot eins Unternehmens kann die Bereitstellung für andere Firmen oder Startups von sogenannten Dashboards oder Livetrackern sein.

- **Neue Arbeitsplätze**

Digitalisierung schafft neue Arbeitsplätze und fördert die Mitarbeiter durch ständige Weiterbildungen. [40]

Um das Potenzial der Industrie 4.0 anschaulicher darzustellen, wird ein **Beispiel aus der Praxis** vorgestellt: Siemens, ein führender Technologiekonzern, bereitet bereits seine Auszubildenen auf die neuen Technologien vor, indem es sich während der Ausbildung auf bestimmte Themen fokussiert: intelligente Organisation und Steuerung der gesamten Wertschöpfungskette, flexible Vernetzung von Mensch, Maschine und Produkt, umfassende Datensammlung und -analyse, u.v.m. Christoph Kunz, Head of Portfolio Management bei Siemens Professional Education (SPE), sieht in den kommenden Jahren einen großen Anstieg an den Anforderungen der Fachkompetenzen. Nach ihm werden Elektriker der Zukunft nur noch zu 60% Elektroniker sein, die anderen 40% zu je 20% aufgeteilt als Mechaniker und IT-Experte. Darum ist es für das Unternehmen bereits bei

---

[40] Vgl. *agile-unternehmen* (2017)

der Ausbildung so wichtig, den Auszubildenen möglichst viele Kompetenzen mit auf den Weg zu geben. [41]

Die Industrie 4.0 hat aber auch einige **Gefahren**, die im Folgenden aufgezeigt werden.

- **Datenschutz**

Da Daten weltweit ausgetauscht werden, muss ein entsprechender Schutz her. Doch es besteht ein Risiko, dass diese Daten missbraucht werden. Das kann für ein Unternehmen für die Verschlüsselung und die Sicherung der Daten große Mengen an Geld kosten

- **Fehlende Akzeptanz**

Auf der einen Seite wird es immer Menschen geben, die den neuesten Stand der Technik nicht akzeptieren wollen, wie etwa ältere Menschen und auf der anderen Seite gibt es z.B. Zulieferer die solche Möglichkeiten erst gar nicht anbieten.

- **Hohe Kosten**

Neue Technologien sind oft nicht billig, da sie erst gerade auf den Markt gekommen sind.

- **Arbeitsplatzverlust**

Zukunftsvisionen, wie eine Fabrik ohne Menschen, macht vielen Menschen Angst, da sie ihren Arbeitsplatz verlieren können und nicht nur das, sondern vielleicht auch ihren Sinn des Lebens.[42]

Persönliche Einschätzung

Meiner Meinung ist Industrie 4.0 eine Chance, unser Leben in vielen Bereichen zu vereinfachen. Aber dadurch, dass es immer Gegner und Ablehner dieser neuen Technologien geben wird, die damit nichts anfangen können oder Angst um den aktuellen Arbeitsplatz haben, wird sich die Industrie 4.0 nie komplett etablieren können. Es wird zwar so kommen, dass viele Arbeitsplätze durch Maschinen bzw. KI ersetzt werden, aber es werden auch gleichzeitig viele neue Arbeitsstellen entstehen. Aus meiner Sicht bietet die Industrie deutlich mehr Vorteile als Nachteile, nicht nur wegen eines höheren Komforts, sondern auch wegen des Gesamtnutzens.

---

[41] Vgl. *Bundesministerium für Wirtschaft und Energie* (2017), S. 18-19
[42] Vgl. *agile-unternehmen* (2017)

Aufgabe 4

Unter dem Begriff **Absatz** versteht man die veräußerte Menge bzw. das Verkaufsvolumen von Waren oder Dienstleistungen in einer bestimmten Zeitspanne, die normalerweise in Unternehmen im Quartal oder in einem Geschäftsjahr als Absatzzahlen publiziert werden. Eingeordnet wird der Absatz in der Wertschöpfungskette als letztes, also nach Beschaffung und Produktion. „Absatz umfasst folglich alle notwendigen Tätigkeiten vom Vollzug der Leistungsverwendung von Planung und Organisation über die Kontrolle und die Durchführung des Absatzes bis hin zu deren genauen Gestaltung".[43] Generell wird zwischen einem direkten und einem indirekten Absatz unterschieden. Direkter Absatz erfolgt durch einen Verkauf ohne Zwischenvermittler, -händler oder Absatzhelfer. Die Produkte werden dann in eigenen Standorten oder über den Versand verkauft (z.B. über einen eigenen Online-Shop). Beim indirektem Absatz erfolgen Zwischenstopps.[44]

Nicht nur das Gestalten und das Steuern zählen zu den Prozessen der **Absatzlogistik**, die auch unter dem Begriff Distributionslogistik bekannt ist, sondern auch das Kontrollieren. Sie betrachtet alle Vorgänge der Distributionspolitik, da diese bei der Überführung von Waren wichtig ist. All diese Prozeduren sind erforderlich, damit das Endprodukt vom Unternehmen den Kunden erreicht.[45]

Lieferservice ist eine Dienstleistung, die in der Distributionslogistik eine große Rolle spielt und für den Transport von eigenen oder fremden Gütern zuständig ist. Ein Beispiel ist ein Pizza-Lieferservice, der die Pizza direkt nach Hause bringt. Zum Lieferservice gehören Lieferzeit, Lieferzuverlässigkeit und Lieferflexibilität.

- Die Lieferzeit ist der Zeitraum von der Auftragserteilung bis hin zum Eintreffen der Ware beim Kunden.
- Die Lieferzuverlässigkeit ist das Einhalten des Lieferauftrags zwischen Lieferant und Kunde, die nur besteht, wenn sich das richtige Produkt zum richtigen Zeitpunkt am richtigen Ort befindet.
- Die Lieferflexibilität beschreibt die Fähigkeit des Lieferanten auf Wünsche des Kunden einzugehen, um einen reibungslosen Prozess gewährleisten zu können.[46]

---

[43] *Deutschland-startet* (o.J.)
[44] Vgl. *rechnungswesen-verstehen* (o.J.)
[45] Vgl. *logistikknowhow* (2013), Vgl. *onpulsen* (o.J.)
[46] Vgl. *wirtschaftslexikon lieferservice* (2020)

Um nun zu verdeutlichen, welche **Aufgaben und Ziele** die Absatzlogistik genau verfolgt, werden diese im Folgenden dargestellt.

„Die richtigen Objekte müssen Kunden in der richtigen Menge zur richtigen Zeit mit der richtigen Information zu den richtigen Kosten am richtigen Ort mit der richtigen Qualität zur Verfügung stehen."[47] Das ist das oberste Ziel der Absatzlogistik, welches nur gewährleistet werden kann, wenn die dazugehörigen Aufgaben, Auftragsabwicklung, Lagereinrichtung, Lagerbestandshaltung und Transport, reibungslos ablaufen.

Unter dem Begriff **Auftragsabwicklung** versteht man den kompletten Prozess von der Entgegennahme der Bestellung bis hin zum Versand der Ware. Dabei sind folgende Aspekte von großer Bedeutung: Durchlaufzeiten der Prozesse, Effizienz der Transaktionen, Zuverlässigkeit der Transaktionen und rechtzeitige sowie genau externe/interne Informationskommunikation. Bei der Auftragsbearbeitung werden alle erforderlichen Daten des Auftrags verwaltet, welche aus dem Erfassen der Auftragsmenge, dem Liefertermin, der Kundendaten und ggf. Sonderwünschen der Bestellung besteht. Nur unter der Bedingung, dass die Daten pünktlich und fehlerfrei erfasst werden, kann eine termingerechte Lieferung stattfinden. Zu den weiteren Aufgaben der Auftragsabwicklung gehören die Preisgestaltung, die Reservierung von Beständen, die Erstellung von Auftragsbestätigungen sowie von Versand- und Lieferpapieren.[48]

Eine **Lagereinrichtung** ist dann nötig, wenn der Materialfluss zwischen Herstellung und Vertrieb unterbrochen wird, sodass Waren ordnungsgemäß gelagert werden müssen. Dabei kann das Lager ein Raum, eine Halle oder sogar mehrere Gebäude sein. In dem Lager sind immer Aufbewahrungsmaterialien, wie Regale, Schränke, Behältnisse und Zubehör. Zu den Aufgaben der Lagereinrichtung gehören die Einhaltung von Sicherheits- und Hygienevorschriften, die vorschriftsmäßige Gefahrenbeurteilung und Inspektion, die sorgfältige Dokumentation, die regelmäßige Inventur und die übersichtliche Kennzeichnung der Güter.[49]

Die **Lagerbestandshaltung** versucht die Lagerkosten so weit wie möglich zu reduzieren, ohne aber das Servicelevel zu senken. Die grundlegende Idee ist es also, den Lagerbestand zu optimieren. Sinnvoll ist es ihn so auszurichten, sodass er so nah wie möglich an der

[47] *Hofmann* (2019)
[48] Vgl. *qtrado-logistics* (o.J.)
[49] Vgl. *bito* (o.J.)

Nachfrage ausgerichtet ist. Dabei unterscheidet man zwischen differenzierten Dienstleistungsniveaus, die sich beispielsweise durch die sogenannte ABC-Analyse festlegen lassen.[50]

Der **Transport** kann erst dann stattfinden, wenn die versandfertigen Aufträge ermittelt und die Versandpapiere kontrolliert worden sind. Um größere Transportkosten zu vermeiden, werden Transportmittel auf einer Fahrt ausgelastet. Das wiederum stellt sicher, dass Kunden von Stabilität, Transparenz und Kontrolle der Transportkosten im Klaren sind. Gut ist das nicht nur für die Einsparung der Kosten, sondern führt schlussendlich somit auch zu einer höheren Servicequalität.[51]

Bei der Absatzlogistik profitiert das Unternehmen z.B. bei der Nachverfolgung von Waren von der Produktion bis zum Eintreffen des Produkts beim Kunden. Somit kann sie alles jederzeit lokalisieren. Gerade bei der Nachschubplanung vereinfacht sowas die Bedarfsanalyse und für die Marktplanung können Verkaufsanalysen schneller ermittelt werden. Allgemein gesagt sparen durchdachte Versandsysteme Zeit sowie Kosten.

Beispiel aus dem Alltagsleben

Ein Kunde will sich über die Webseite des Online-Shops eines Unternehmens einen neuen Schrank bestellen. Dabei sucht er sich einen bestimmten Artikel aus, legt diesen in den Warenkorb, füllt das Formular aus und schließt den Kauf ab, indem er eine Zahlungsmethode ausgewählt hat.

Der Bestellauftrag wird zur Buchhaltung des Online-Shops weitergeleitet und bearbeitet. Dieser Vorgang dauert weniger als eine Minute und dabei werden die Daten sowie der Zahlungseingang überprüft. Anschließend folgt die Auftragsbestätigung.

Informationen des Bestellung, wie Art und Menge, (in unserem Fall ein Schrank) werden zur Lagerabteilung weitervermittelt, wo dann geprüft wird, ob der Schrank gerade vorrätig ist.

Wenn ja wird der Schrank zeitnah verpackt und mit Versandscheinen, wie die Rechnung und dem Lieferschein, zum Abschicken fertig gemacht. Bevor der Schrank an den Kunden geliefert werden kann, erfolgt noch zuvor die Quittierung der Ware und wird dann mit allen Versanddokumenten verschickt. [52]

---

[50] Vgl. *Slimstock* (o.J.)
[51] Vgl. *qtrado-logistics* (o.J.)
[52] Vgl. *logistikknowhow* (o.J.)

Literaturverzeichnis

Bundesministerium für Wirtschaft und Technologie (2008), Intelligente Logistiknetze mit RFID, Band 1, Berlin

Bastam, N./Bicker, C./Walf, J./Nachtwei, J. (2020), Recruiting 4.0 – Potenziale und Herausforderungen des Recruitings im Zeitalter der Digitalisierung. In: Harwardt, M. (Hrsg.), Führen und Managen in der digitalen Transformation, Unna/Ismaning, S. 235-263

Internetquellen

Abas-erp (2017), https://abas-erp.com/de/news/welche-komponenten-beinhaltet-die-20vierte-industrielle-revolution, abgerufen am 07.07.2020

Bito (o.J.), https://www.bito.com/de-de/fachwissen/artikel/lagereinrichtung- optimal-planen/, abgerufen am 09.07.2020

BMW (o.J.), https://www.bmw.de/de/neufahrzeuge/bmw-i/i3/2020/bmw-i3-ueberblick.html, abgerufen am 06.07.2020

BMW (o.J.), https://www.bmw.de/de/topics/faszination-bmw/efficientdynamics-2015/consumption-emissions.html, abgerufen am 06.07.2020

BMW Group (o.J.), https://www.bmwgroup.com/content/dam/grpw/websites/bmwgroup_com/responsibility/downloads/de/2019/2019-BMW-Group-SVR-2018-Deutsch.pdf, abgerufen am 05.07.2020

BMW Group (o.J.), https://www.bmwgroup.com/de/investor-relations/unternehmenskennzahlen.html, abgerufen am 05.07.2020

BMW Group (o.J.), https://www.bmwgroup.com/de/unternehmen/geschaeftsbereiche.html, abgerufen am 05.07.2020

BMW Group (o.J.), https://www.bmwgroup.com/de/verantwortung/sustainable-stories/popup-folder/da-muessen-wir-dran-bleiben.html, abgerufen am 06.07.2020

BMWI (o.J.), https://www.bmwi.de/Redaktion/DE/Dossier/industrie-40.html, abgerufen am 07.07.2020

Bundesministerium für Bildung und Forschung (2013), https://www.bmbf.de/files/Umsetzungsempfehlungen_Industrie4_0.pdf, abgerufen am 07.07.2020

Bundesministerium für Wirtschaft und Energie (2017), https://www.plattform-i40.de/PI40/Redaktion/DE/Downloads/Publikation/digitale-transformation-im- betrieb-aus-undweiterbildung.pdf? blob=publicationFile&v=5, abgerufen am 08.07.2020

Cio (2017), https://www.cio.de/a/mercedes-benz-setzt-bei-sprinter-produktion-auf-rfid-chips,3563508, abgerufen am 03.07.2020

Daimler (o.J.), https://www.daimler.com/innovation/case/connectivity/vans-%20intelligente-produktion.html, abgerufen am 03.07.2020

Datenbanken-verstehen (o.J.), https://www.datenbanken-verstehen.de/lexikon/rfid/, abgerufen am 03.07.2020

Deutschland-Startet (o.J.), https://www.deutschland-startet.de/absatz/, abgerufen am 08.07.2020

EMAS (o.J.), https://www.emas.de/rechtliches-emas-de, abgerufen am 06.07.2020

EMAS (o.J.), https://www.emas.de/was-ist-emas, abgerufen am 06.07.2020

Frick, T. (2014), https://industrie-wegweiser.de/von-industrie-1-0-bis-4-0-%20industrie-im-wandel-der-zeit/, abgerufen am 07.07.2020

Group Gerry Weber (o.J.), https://group.gerryweber.com/de/konzern/die-gerry-weber-%20gruppe/logistik/, abgerufen am 03.07.2020

Group Gerry Weber (o.J.), https://group.gerryweber.com/media/karte_rfid.pdf, abgerufen am 03.07.2020

Gründerszene (o.J.), https://www.businessinsider.de/gruenderszene/lexikon/begriffe/internet-of-things/?interstitial, abgerufen am 07.07.2020

Hofmann, S. (2019), https://www.mm-logistik.vogel.de/distributionslogistik-definition-grundlagen-beispiele-a-661532/, abgerufen am 09.07.2020

Lindner, D. (2017), https://agile-unternehmen.de/vorteile-von-industrie-4-0/, abgerufen am 08.07.2020

Logistikknowhow (o.J.), https://logistikknowhow.com/geschaeftsprozesse-in-der-intralogistik/die-auftragsabwicklung/, abgerufen am 09.07.2020

Logistikknowhow (2013), https://logistikknowhow.com/materialfluss-und-transport/absatzlogistik/, abgerufen am 08.07.2020

Luber, S./Litzel, N. (2016), https://www.bigdata-insider.de/was-ist-das-internet-of-things-a-590806/, abgerufen am 07.07.2020

Luber, S./Litzel, N. (2016), https://www.bigdata-insider.de/was-ist-ein-cyber-physisches-system-cps-a-668494/, abgerufen am 07.07.2020

Onpulsen (o.J.), https://www.onpulson.de/lexikon/absatzlogistik/, abgerufen am 08.07.2020

Qtrado-Logistics (o.J.), https://qtrado-logistics.de/wiki/distributionslogistik/, abgerufen am 09.07.2020

Rechnungswesen-verstehen (o.J.), https://www.rechnungswesen-verstehen.de/lexikon/absatz.php, abgerufen am 08.07.2020

RFID Grundlagen (o.J.), https://www.rfid-grundlagen.de/, abgerufen am 03.07.2020

RFID im Blick (2016), https://www.rfid-im-blick.de/de/201603153181/gerryweber-die-rfid-erfolgsstory-geht-weiter.html, abgerufen am 03.07.2020

RFID im Blick (2016), https://www.rfid-im-blick.de/de/201712154227/mercedes- benz-vans-setzt-auf-rfid-in-der-fertigung.html, abgerufen am 03.07.2020

Sadaba (o.J.), https://www.sadaba.de/GSBT_UAG.html, abgerufen am 06.07.2020

Saving-Volt (2013), https://www.saving-volt.de/2013/04/was-bedeutet-%20umweltmanagement-und-warum-ist-es-wichtig/, abgerufen am 05.07.2020

Slimstock (o.J.), https://www.slimstock.com/de/lagerbestand-optimieren/, abgerufen am 09.07.2020

Smart-Tec (o.J.), https://www.smart-tec.com/de/auto-id-welt/rfid-technologie, abgerufen am 03.07.2020

Umweltbundesamt (2020), https://www.umweltbundesamt.de/themen/wirtschaft-konsum/wirtschaft-umwelt/umweltenergiemanagement/emas-umweltmanagement-guetesiegel-dereuropaeischen#systematisches-umweltmanagement-mitemas, abgerufen am 06.07.2020

Waschbusch, L./Mundt, E. (2019), https://www.industry-of-things.de/was-%20bedeutet-industrie-40-definition-merkmale-und-anwendung-a-828236/, abgerufen am 07.07.2020

Wirtschaftslexikon24 (2020), http://www.wirtschaftslexikon24.com/d/lieferservice/lieferservice.htm, (abgerufen am 08.07.2020)

BEI GRIN MACHT SICH IHR WISSEN BEZAHLT

- Wir veröffentlichen Ihre Hausarbeit,
  Bachelor- und Masterarbeit

- Ihr eigenes eBook und Buch -
  weltweit in allen wichtigen Shops

- Verdienen Sie an jedem Verkauf

Jetzt bei www.GRIN.com hochladen
und kostenlos publizieren